mi cocina

pescados

¡HOLA!

sumario
& pes

cados

a diario

entre amigos

día de fiesta

¡soy el chef!

a diario
& pes

pados

sardinas
en librillo

6 | 15 min | 15 min

Ingredientes:

500 g de sardinas frescas
1 cebolla
1 cucharadita de orégano
Unas hojitas de salvia
1 pizca de sal
1/2 cucharadita de pimentón picante
200 ml de aceite de oliva
100 g de harina (sobrará)
3 huevos
1 limón

truco **¡H!**

Estos fritos de sardina también están muy ricas con boquerón pequeño o con salmonetitos. Pruebe a añadir en el relleno unas tiras de pimiento del piquillo.

ESCAME las sardinas, lávelas, retire la espina central y reserve los lomos sin separarlos. Pele, lave y pique bien fino la cebolla. Échela en un bol con el pimentón, el orégano, una pizca de sal y un hilo de aceite y mezcle. Extienda este preparado en la cara interna de la mitad de las sardinas. Cubra con la otra mitad de las sardinas y presione con los dedos ligeramente.

ENHARINE los pares de sardinas preparados. Bata los huevos como para tortilla en un bol. Ponga el aceite a calentar en una sartén de bordes altos. Cuando comience a humear, pase las sardinas enharinadas por huevo batido y deposite en la sartén. Dórelas por tandas, sin amontonar en la sartén, durante 1 minuto por cada lado. Escúrralas sobre papel absorbente, colóquelas en una fuente y rocíe con el zumo del limón. Decore con hojitas de salvia y sírvalas antes de que se enfríen.

parmentier de bacalao
ahumado con queso

8 · 20 min · 20 min

Ingredientes:

1 kg de patatas
1 kg apio-nabo
500 g de bacalao ahumado
2 ramas de apio con sus hojas
150 g de queso cheddar
150 g de queso manchego
250 ml de nata líquida
60 g de mantequilla
1 limón
Sal
Pimienta

PELE las patatas, lávelas y córtelas en trozos grandes. Échelas en una cazuela con agua que las cubra y una pizca de sal y cueza durante 15 minutos.
Pele y lave el apio-nabo, córtelo en trozos, rocíe con zumo de limón y cueza en otra cazuela con agua y sal durante 15 minutos.

PASE por el pasapurés patatas y apio-nabo añadiendo parte de su agua de cocción. Caliente la nata e incorpórela templada al puré junto con 40 g de mantequilla y una pizca de pimienta.

CORTE el bacalao ahumado en láminas finas. Lave el apio, retire los hilos, corte los tallos en dados y pique las hojas. Escalde durante 1 minuto en agua salada hirviendo los dados de apio. Escurra, vierta en un bol con agua helada y vuelva a escurrir. Ralle el cheddar y corte el queso manchego en lonchas finas. Añada al puré la mitad de los 2 quesos. Precaliente el horno a 200º.

ENGRASE una fuente de horno con el resto de la mantequilla y vierta la mitad del puré. Reparta dados y hojas de apio por encima, cubra con el bacalao en lonchas y tape todo con el resto del puré. Haga unos surcos en la superficie con un tenedor. Extienda por encima los quesos restantes y hornee a 200º durante 10 ó 12 minutos hasta dorar.

truco ¡H!

El bacalao ahumado y los quesos aportan sal. Habrá que tenerlo en cuenta a la hora de sazonar el puré.

dorada
al hinojo

4 | 10 min | 25 min

Ingredientes:

1 dorada de 1,2 kg escamada y limpia
3 bulbos de hinojo con sus tallos y hojitas
2 cebollas
2 limones
24 mejillones
200 ml de caldo de pescado
4 cucharadas de aceite de oliva
Sal
Pimienta

truco ¡H!

Para quitar las barbas a los mejillones, ayúdese con un cuchillo. Sujete las barbas con el dedo pulgar apoyado en el filo y dé un tirón. Antes de servir, retire de la fuente los moluscos que no se hayan abierto durante la cocción.

PRECALIENTE el horno a 180°. Pele, lave y corte en juliana las cebollas. Retire las capas externas más duras de los bulbos de hinojo y córtelos en 2 o en 3, según su espesor. Corte los limones en rodajas finas. Limpie los mejillones y retire las barbas.

VIERTA 2 cucharadas de aceite en una fuente de horno y ponga encima las cebollas formando un lecho. Sazone la dorada, por dentro y por fuera, con sal y pimienta recién molida y pósela sobre las cebollas. Rodee con el hinojo y las rodajas de limón, bañe con el caldo y rocíe con 2 cucharadas de aceite. Tape la cola de la dorada con papel de aluminio para que no se queme y meta al horno a 180° durante 25 minutos.

ROCÍE con sus jugos a mitad de cocción y cuando falten 4 minutos para finalizar incorpore los mejillones a la fuente. Cuando se hayan abierto los mejillones, retire del horno la fuente y lleve a la mesa.

colas de rape
al azafrán

6 | 25 min | 35 min

Ingredientes:

6 colas pequeñas de rape limpias
7 semillas de cilantro
1 manojito de cilantro
500 g de tallarines
Sal
Pimienta

Para el caldo corto:

500 ml de vino blanco seco
1 bouquet de hierbas (tomillo, laurel, perejil)
1 zanahoria mediana
1 cebolla
1 rama de apio
1 naranja
sal gorda
12 granos de pimienta negra

Para ligar:

250 ml de nata
3 huevos
1 g de hebras de azafrán
Sal
Pimienta

truco ¡H!

Para pelar más fácilmente la naranja, utilice un pelador. Así solo extraerá la piel coloreada y evitará la parte blanca, que podría dar un gusto amargo al caldo. Esta receta también puede hacerse con colas de rape congelado.

PELE la naranja, sin la parte blanca, y corte la piel en bastoncitos. Extraiga el zumo y reserve. Pele y lave la cebolla y la zanahoria. Córtelas en rodajas y échelas en una cazuela con el vino blanco, 1 litro y medio de agua, el bouquet de hierbas, una cucharada de sal gorda, las semillas de cilantro, el zumo y las pieles de naranja. Tape la cazuela, lleve a ebullición y cueza durante 20 minutos a fuego medio. Deje enfriar.

SAZONE con sal y pimienta las colas de rape y póngalas en una cazuela grande, cubra con el caldo y lleve a ebullición a fuego medio. Al primer hervor, retire las colas y reserve al calor. Filtre el caldo y échelo de nuevo en una cazuela. Cueza a fuego vivo hasta reducir a la mitad y añada el azafrán.
Bata los huevos en un bol con la nata e incorpore a la cazuela del caldo.
Continúe batiendo y reserve al calor.

CUEZA los tallarines en abundante agua salada hasta que estén *al dente*, escúrralos y échelos en una cazuela con 2 terceras partes de la salsa de azafrán. Mezcle bien y caliente unos segundos al fuego.

COLOQUE las colas de rape en una fuente caliente, distribuya alrededor los tallarines y nape con el resto de la salsa. Decore con unas ramitas de cilantro.

merluza a la plancha
con mantequilla de gambas

6 | 30 min | 15 min

Ingredientes para el pescado:

6 rodajas de merluza de 3 cm de espesor
3 cucharadas de harina
3 cucharadas de aceite de oliva
Flor de sal
Pimienta

Para la mantequilla de gambas:

150 g de gambas cocidas
1 chalota
100 g de mantequilla
1 cucharadita de nata líquida
Pimienta

Para la guarnición:

200 g de boletus
300 g de níscalos (o cualquier otro tipo de setas)
1 cucharada de perejil picado
Unas hojitas de perejil para decorar
3 cucharadas de aceite de oliva
Sal
Pimienta

truco ¡H!

Puede hacer esta receta con filetes de rape o de rodaballo.

LA MANTEQUILLA DE GAMBAS: Pele las gambas. Pele, lave y pique la chalota. Póchela durante 5 minutos en una sartén con 5 g de mantequilla. Eche las gambas peladas en el vaso de la batidora con el resto de la mantequilla, la chalota y la nata y triture hasta adquirir consistencia de pomada. Sazone con pimienta recién molida y reserve en el frigorífico.

LA GUARNICIÓN: Limpie los champiñones y córtelos en 2 o en 4, según su grosor. Limpie los boletus y córtelos en láminas. Ponga al fuego una sartén antiadherente con el aceite y dore las setas a fuego vivo. Sazone con sal y pimienta recién molida y espolvoree con el perejil picado. Retire del fuego y reserve al calor.

EL PESCADO: Vierta la harina en una fuente honda. Enharine las rodajas de merluza por todas sus caras y sacúdalas bien para eliminar el exceso de harina.

PONGA al fuego una sartén antiadherente con 3 cucharadas de aceite y, cuando este esté caliente, dore las rodajas de merluza 2 minutos por cada lado. Escurra sobre papel absorbente.

COLOQUE las rodajas de merluza en un fuente caliente, sazónelas con flor de sal y pimienta recién molida y acompañe con las setas salteadas. Deposite sobre cada rodaja de pescado una nuez de mantequilla de gambas y sirva.

milhojas de bacalao
con puré de guisantes al cilantro

Comensales	4	Preparación	25 min	Cocción	15 min	Fácil

Ingredientes:

600 g de bacalao en salazón
1 kg de guisantes
1 manojito de cilantro
4 rabanitos
10 semillas de cilantro
4 cucharadas de aceite de oliva virgen extra
Sal
Pimienta

truco ¡H!

Esta receta puede hacerse también con migas de bacalao. Si no es temporada de guisantes, utilice congelados.

LA VÍSPERA: Lave al chorro de agua fría el bacalao y póngalo en remojo en agua fría durante 24 horas en el frigorífico, cambiando el agua cada 8 horas.

EL MISMO DÍA: Quite las vainas a los guisantes y cuézalos durante 5 minutos en agua salada hirviendo con las semillas de cilantro. Escúrralos en un colador, póngalos al chorro de agua fría y escurra de nuevo. Reserve 1 cucharada y vierta el resto en el vaso de la batidora junto con el aceite. Triture hasta obtener un puré untuoso, sazone con pimienta recién molida y reserve al calor.

ESCURRA y seque bien el bacalao. Póngalo en una cazuela, cubra con agua fría, añada unos granos de pimienta y ponga a fuego medio. Al primer hervor, retire el bacalao y escurra sobre papel absorbente. Trocéelo, a mano, en lascas. Lave, seque los rabanitos y córtelos en rodajas finas. Lave y seque el cilantro, retire parte de los tallos y forme pequeños ramitos.

PONGA en el fondo de una fuente el puré de guisantes, coloque por encima las lascas de bacalao y reparta los guisantes reservados, las rodajas de rabanito y los ramitos de cilantro. Rocíe con un hilo de aceite de oliva.

salmonetes
con limón confitado

4 | 10 min | 15 min

Ingredientes:

4 salmonetes de 200 g cada uno, escamados y limpios
1 limón
1 manojito de cilantro
200 ml de aceite de oliva
1 diente de ajo
Sal
Pimienta

truco ¡H!

Esta salsa de limón puede servirse también con caballas, sardinas o acedías.

PRECALIENTE el horno a 150º. Engrase con un hilo de aceite una fuente de horno y coloque encima los salmonetes. Corte el limón en lonchas de 1 cm, póngalas al lado de los salmonetes y hornee durante 15 minutos a 150º.

PELE y pique bien fino el diente de ajo. Eche en un bol junto con el aceite restante y el cilantro, reservando unos ramitos para decorar, lavado y picado.

RETIRE la fuente del horno y pique finamente las lonchas de limón. Incorpórelas al bol del aceite y las hierbas, sazone con sal y mezcle bien. Sirva los salmonetes con esta salsa y acompañe con gajos de limón con su piel.

bacalao fresco
con espárragos verdes

4 | 20 min | 30 min

Ingredientes:

4 rodajas de bacalao fresco de 150 g cada una
150 ml de caldo de ave desgrasado
500 g de espárragos verdes
2 cucharadas de aceite de oliva
1 cucharada de semillas de hinojo
1 yema de huevo
100 ml de yogur
Sal
Pimienta

Para el acompañamiento:

2 endibias
1 bulbo de hinojo

truco ¡H!

Si no encuentra bulbos de hinojo puede reemplazarlos por cebolleta fresca también partida en juliana y junto con la endibia salteada ligeramente.

PRECALIENTE el horno a 180°. Engrase con 1 cucharada de aceite una fuente de horno y coloque encima las rodajas de bacalao. Rocíe con otra cucharada de aceite, sazone con sal y pimienta recién molida, espolvoree con las semillas de hinojo y hornee a 180° durante 10-15 minutos.

PELE, lave los espárragos y separe en 2 mitades las yemas de los tallos. Sumerja las yemas en un cazo con agua salada hirviendo y cuézalas durante 5 minutos. Retire con un colador y vierta en un bol con agua helada para parar la cocción.

LLEVE de nuevo a ebullición y eche los tallos de espárragos. Cuézalos durante 15 minutos, hasta que estén tiernos. Escúrralos y póngalos en el vaso de la batidora, vierta el caldo de ave caliente y triture unos segundos. Añada la yema de huevo, el yogur, sazone con sal y pimienta recién molida y triture durante 1 minuto.

RETIRE las capas externas a las endibias y al bulbo de hinojo y corte en juliana. Coloque 1 rodaja de pescado en cada plato, acompañe con las yemas de espárrago, nape con la salsa y decore con la juliana de hinojo y endibia.

cachetes de rape
con hinojo y leche de coco

4 | 20 min | 30 min

Ingredientes:

600 g de cachetes de rape
150 g de nabo daikon
2 bulbos de hinojo con sus tallos
1 naranja
200 ml de leche de coco
1 cebolla
1 cucharada de aceite de oliva
1 pimienta de Cayena
Sal
Pimienta

Para la vinagreta:

1 cucharadita de aceite de avellana
2 cucharadas de aceite de pepitas de uva
1 lima

ELIMINE la piel, sin la parte blanca, de la naranja, extraiga el zumo y reserve. Corte la mitad de la piel en tiras finas y la otra mitad en dados pequeños. Escalde daditos y tiras durante 1 minuto en agua hirviendo, escurra y reserve. Pele el nabo daikon, córtelo en bastoncitos con una mandolina y sumérjalos en un bol con agua helada.

CORTE los cachetes de rape en dados de 4 cm de lado. Pele, lave y corte en juliana la cebolla. Dórela en una sartén antiadherente con 1 cucharada de aceite y añada los dados de rape. Dórelos por todas sus caras y bañe con el zumo de naranja.
Deje reducir un poco y sazone con sal y pimienta recién molida.

AÑADA la cayena, la leche de coco y los dados de piel de naranja y cueza a fuego lento durante 20 minutos, removiendo de vez en cuando.

RETIRE las capas externas a los bulbos de hinojo y córtelos en juliana. Escurra y seque bien los bastoncitos de nabo daikon. Exprima el limón y mezcle el zumo con el aceite de avellana y el de pepitas de uva. Sazone con sal y pimienta recién molida y aliñe el hinojo y el nabo daikon. Sirva el rape con esta ensalada crujiente y decore con las tiras de piel de naranja.

truco ¡H!

Para una versión más ligera de esta receta, utilice leche de coco *light.* El nabo daikon se puede encontrar en tiendas orientales.

lasaña de salmón
con queso de cabra

🍽	6		20 min		4/8 min

Ingredientes:

15 láminas de lasaña
300 g de salmón ahumado en lonchas
200 g de queso fresco de cabra
2 cucharadas de mascarpone
1 manojito de eneldo
2 limones
2 cucharadas de aceite de oliva
Pimienta negra
Flor de sal

truco **¡H!**

Para que esta receta sea apta para niños, elimine la pimienta.

CUEZA las láminas de lasaña en abundante agua salada hirviendo durante 8 minutos si se trata de pasta seca y durante 4 minutos si utiliza pasta fresca. Escurra al chorro de agua fría y reserve en una fuente con un hilo de aceite de oliva para que no se peguen.

MEZCLE con un tenedor en un bol el queso de cabra con el mascarpone. Ralle encima la piel de 1 limón, sazone con pimienta recién molida, mezcle y reserve en el frigorífico. Seleccione las hojitas de eneldo. Corte el limón en rodajas finas y después en triángulos.

CORTE las láminas de lasaña en 2 a lo largo para obtener rectángulos de 9 cm de longitud. Coloque un rectángulo en una fuente y cubra con una capa de queso, otra lámina de pasta, una loncha de salmón, unas hojitas de eneldo y flor de sal y, de nuevo, una lámina de pasta, queso, pasta, salmón y termine con una lámina de pasta.

APORTE el toque final colocando en un ángulo unas hojitas de eneldo. Decore el otro ángulo con los triángulos de limón y separe con una línea de granos machacados de pimienta negra.

atún confitado
con cebollitas francesas y semillas de sésamo

4 | 5 min | 20 min

Ingredientes:

4 filetes de atún
300 g de cebollitas francesas
20 g de jengibre
2 cucharadas de miel de acacia
2 cucharadas de salsa de soja
1 cucharada de vermut blanco
1 cucharadita de aceite de oliva
1 cucharada de vinagre de Jerez
2 cucharadas de semillas de sésamo tostado
Pimienta negra

ECHE la miel en una sartén de bordes altos, añada el vinagre y las cebollitas, peladas y lavadas, y cueza a fuego medio durante 14 minutos, removiendo de vez en cuando.

ENGRASE con un hilo de aceite una sartén antiadherente y dore los filetes de atún 2 minutos por cada lado, o más según el gusto. Retire de la sartén y reserve al calor.

VIERTA en la sartén la salsa de soja, el vermut y el jengibre cortado en láminas finas y cueza a fuego lento durante 4 minutos. Añada las semillas de sésamo, mezcle bien e incorpore los filetes de atún para calentarlos unos segundos.

REPARTA el pescado en 4 platos, añada las cebollitas confitadas, sazone con pimienta recién molida y sirva enseguida.

truco **¡H!**

También puede utilizar atún congelado para esta receta. Si no tiene vermut blanco, use un vino blanco semidulce.

entre an
& pes

higos
cados

sardinas rellenas

4 | 20 min | 18 min

Ingredientes:

16 sardinas muy frescas
8 ramitos de romero
1 cucharada de cilantro picado
2 dientes de ajo
40 g de piñones
2 cebollas
2 cucharadas de aceite de oliva
Flor de sal

Para la salsa:

3 tomates
1/2 guindilla
1 cebolleta
1 cucharada de cilantro picado
200 ml de aceite de oliva
Sal
Pimienta

truco **¡H!**

Puede hacer estas sardinas en el horno precalentado unos minutos hasta que cambien de color. Las cebollas en rodajas gruesas puede hacerlas a la plancha.

LA SALSA: Pele, retire las semillas a los tomates y píquelos. Pele, lave y pique la cebolleta. Eche en un bol tomates y cebolleta y añada el cilantro picado, el aceite de oliva, la guindilla muy picada, sazone con sal y pimienta recién molida y mezcle todo bien.

ESCAME las sardinas, quite las cabezas y, con la ayuda de un cuchillo, ábralas como un libro sin separar los lomos. Retire la espina central, lávelas y séquelas concienzudamente.

PIQUE bien fino los dientes de ajo. Pique los piñones y mézclelos con el ajo y el cilantro picado. Ponga en una fuente una sardina abierta con la piel hacia abajo.
Coloque encima una porción de la mezcla preparada y cubra con otra sardina dejando la piel hacia arriba y fije con un ramito de romero. Repita la operación con las sardinas restantes y pincele de aceite con una brocha por las dos caras.

PELE, lave y corte las cebollas por la mitad. Hágalas a la brasa en una barbacoa durante 10 minutos dando la vuelta a mitad de cocción y reserve al calor.

PONGA las sardinas en la barbacoa y áselas 4 minutos por cada lado. Sazónelas con flor de sal y sirva con la cebolla asada y la salsa preparada.

salmonetitos
a la salvia

6 | 15 min | 6 min

Ingredientes:

12 salmonetes de roca
12 hojas grandes de salvia
12 lonchas finas de beicon
3 cucharadas de aceite de oliva
Sal
Pimienta

Para la salsa:

150 g de aceitunas negras de Aragón
1 tomate grande
4 cucharadas de aceite de oliva
Pimienta

truco ¡H!

Puede hacer también estos deliciosos salmonetes en el grill del horno.

LA SALSA: Deshuese y triture las aceitunas. Échelas en un bol con el aceite. Pele, retire las semillas y corte en daditos los tomates. Mézclelos con las aceitunas y sazone con pimienta recién molida.

RETIRE las tripas a los salmonetes. Lávelos, séquelos bien, sazónelos con sal y pimienta recién molida y úntelos con el aceite. Retire la corteza al beicon. Envuelva cada salmonete con una hoja de salvia y, encima, con una loncha de beicon.

ASE los salmonetes en la barbacoa durante 3 minutos por cada lado y sirva con la salsa.

filetes de pescado
con verduras al vapor

6 | 15 min | 8 min

Ingredientes:

3 filetes de gallo
2 filetes de trucha asalmonada
1 col pequeña
150 g de zanahorias
150 g de apio-nabo
150 g de calabacín
50 ml de aceite de oliva
1/2 limón
Sal
Pimienta

Para la salsa:

100 ml de aceite de oliva
1 cucharadita de jengibre rallado (opcional)
1 cucharadita de hojitas de eneldo
1/2 limón
Sal

LA SALSA: Ralle la piel del medio limón y échela en un bol con 2 cucharadas de zumo. Añada el aceite y una pizca de sal y mezcle enérgicamente con un tenedor para que emulsione. Incorpore el jengibre y el eneldo y mezcle de nuevo.

PELE, lave y ralle las zanahorias y el apio-nabo. Lave el calabacín, retire las puntas y ralle sin pelar. Corte cada filete de pescado en 3 trozos y póngalos en una fuente. Añada el aceite, la ralladura del medio limón y sazone con sal y pimienta recién molida.

RESERVE 6 bonitas hojas de col y corte en juliana el resto. Coloque las hojas de col en el cesto de la vaporera, reparta por encima las verduras y sazone con sal. Coloque encima los trozos de pescado y cueza al vapor durante 6-8 minutos.

COLOQUE en los platos las hojas de col y sirva con la salsa.

truco **¡H!**

Puede hacer esta receta con cualquier pescado en filetes, como lenguado, lubina, dorada, etc., tanto si son frescos como congelados.

bullabesa
de tres pescados

Comensales	8	Preparación	40 min	Cocción	33 min	Temporada

Ingredientes:

1 cola de rape (800 g)
1 rodaballo (1,5 kg)
1 cabracho (1,2 kg)
1 kg de judías verdes planas
2 bulbos de hinojo con sus tallos
1 diente de ajo
2 tomates grandes
12 tomates cereza
1 cucharadita de semillas de hinojo
1 manojito de perejil
1 hoja de laurel
Sal
Pimienta negra

Para la salsa rouille:

3 dientes de ajo
0,5 g de azafrán
1/2 guindilla
2 yemas de huevo
250 ml de aceite de oliva
1 cucharada de sal gorda
12 granos de pimienta blanca

truco **¡H!**

Si no tiene tiempo, utilice salsa rouille envasada, a la venta en tiendas gourmet.

EL CALDO: Pida al pescadero que le haga filetes con todos los pescados escamando y respetando la piel del cabracho y guardando cabezas y espinas. Ponga ambas en una cazuela grande con 1 litro y medio de agua. Añada el diente de ajo, las semillas de hinojo, el perejil, el laurel, el anís y los tomates troceados y lleve a ebullición. Cueza a fuego lento durante 20 minutos y pase por el chino.

LA ROUILLE: Pele los dientes de ajo y póngalos en un mortero con la sal gorda, la pimienta y el azafrán. Machaque hasta formar una pasta, añada las yemas de huevo, mezcle bien y monte como una mayonesa vertiendo el aceite en hilo fino. Reserve en el frigorífico hasta el momento de servir.

LAVE y retire las hebras a las judías verdes. Córtelas en trozos de 3 cm y cuézalas en agua salada durante 8 minutos. Échelas en un bol con agua helada para parar la cocción y reserve. Corte los filetes de pescado en cuadrados de 4 cm de lado. Ponga a cocer a fuego lento el caldo y eche primero el rape. Incorpore el rodaballo a los 3 minutos, después el cabracho y cueza 2 minutos más.

SAQUE del caldo los trozos de pescado y escúrralos sobre papel absorbente. Vierta en un cazo 400 ml de caldo, caliente a fuego vivo hasta reducir a la mitad y deje enfriar. Incorpore esta reducción a la salsa para diluirla.

RETIRE la capa externa a los hinojos, lávelos y córtelos en rodajas finas, reservando las hojitas para decorar. Eche el pescado, el hinojo y las judías verdes en una ensaladera y sazone con pimienta negra machacada. Corte los tomates cereza en cuartos y añádalos a la ensalada. Rocíe con un hilo de aceite de oliva, decore con el hinojo reservado y sirva la salsa aparte.

estrella de lenguado
con huevas de trucha

6 | 40 min | 25 min

Ingredientes:

3 lenguados de 800 g cada uno (fileteados por el pescadero, espinas y cabezas aparte)
100 g de huevas de trucha
12 g de gelatina (6 hojas)
1 puerro
1 cebolla
1 rama de apio
1 zanahoria
1 bouquet de hierbas (perejil, laurel, tomillo)
1 limón
500 ml de vino blanco seco
2 cucharadas de aceite de oliva
4 clavos de olor
1 pizca de azúcar
Sal
Pimienta

Para acompañar:

Unas ramitas de eneldo
1 manojito de perifollo
100 ml de nata líquida
2 cucharadas de aceite de oliva
Sal Maldon®

truco **¡H!**

Esta original manera de presentar el pescado sirve también para gallos y rodaballos.

EL CALDO: Pele y lave las verduras (zanahoria, apio y puerro). Trocéelas, échelas en un cazuela con el aceite y póchelas a fuego bajo durante 5 minutos. Añada cabezas y espinas, el bouquet de hierbas, los clavos, el vino y 1 litro de agua y cueza a fuego medio durante 15 minutos, desespumando de vez en cuando. Pase por el chino, sazone con sal y pimienta recién molida y añada el zumo del limón.

PONGA las hojas de gelatina en remojo en agua fría. Recorte las puntas de los filetes de lenguado para que tengan una bonita forma y escáldelos durante 2 minutos a fuego lento en el caldo. Retirelos cuidadosamente con una espátula, reservelos sobre papel absorbente y deje enfriar.

CALIENTE 1/2 litro de caldo en un cazo y sumerja las hojas de gelatina bien escurridas de su agua. Deje templar antes de verter una capa de gelatina en el fondo de una fuente grande redonda. Introduzca en el frigorífico durante 1 hora. Coloque encima, presionando ligeramente, 6 filetes de lenguado con las puntas hacia fuera formando una estrella de mar. Deje reposar unos minutos y coloque encima los filetes restantes, sumergiéndolos previamente en la gelatina restante. Introduzca en el frigorífico durante 30 minutos.

ECHE las huevas de trucha en el cazo de la gelatina, sáquelas con un colador y resérvelas en el frigorífico. Monte la nata bien firme, añada 1 cucharada del cazo de la gelatina, mezcle y meta al frigorífico. En el momento de servir prepare las hierbas: lávelas, séquelas y pártalas en pequeños ramitos. Ponga las hierbas en el centro de la estrella de mar, decore los «brazos» de la estrella con las huevas, sazone con sal Maldon, aliñe con un hilo de aceite y acompañe con la salsa de nata.

papillote crujiente **de pijotas**

4 | 15 min | 25 min

Ingredientes:

8 obleas de pasta brick
8 pijotas (limpias, sin cabeza ni espina central)
12 dientes de ajo
2 cucharadas de aceite de oliva
Sal
Pimienta

Para la guarnición:

250 g de zanahorias
250 g de calabacines
2 ramas de apio

Para la salsa:

5 cucharadas de mayonesa
1 cucharada de nata
1 diente de ajo
Sal

truco ¡H!

Procure conservar las obleas de pasta brick tapadas con un paño húmedo mientras hace los envueltos, para evitar que se sequen.

PELE y lave las zanahorias. Lave los calabacines y las ramas de apio. Trocee las 3 verduras en bastoncitos finos. Ponga al fuego una cazuela con agua salada y cueza las zanahorias durante 5 minutos. Añada calabacines y apio y cueza 5 minutos más. Escurra y reserve.

RETIRE las pieles a los ajos y cuézalos en agua durante 5 minutos. Échelos en un bol con agua helada. Escúrralos y cuézalos otros 5 minutos. Séquelos con papel absorbente y redúzcalos a puré fino.

LA SALSA: Pele el ajo y píquelo bien fino. Mézclelo en un bol con la mayonesa y la nata y reserve en el frigorífico.

PRECALIENTE el horno a 210º. Coloque una oblea de pasta brick en una fuente. Deposite encima una pijota abierta, sazone con sal y pimienta recién molida y unte con una pizca de puré de ajos. Junte los 2 lomos del pescado y envuelva con la pasta brick. Ate las puntas con hilo de bramante como si fuera un caramelo y repita la operación con el resto de pescado. Pincele todos los paquetitos con aceite de oliva y hornee a 210º durante 10 minutos.

REPARTA las verduras y los papillotes bien calientes en 4 platos y sirva aparte la salsa preparada.

atadillos de salmón
con patatas y verduras

6 | 20 min | 2 min

Ingredientes:

6 lonchas grandes de salmón ahumado
500 g de patatas cocidas y partidas en dados
1 chalota
2 ramas de apio con sus hojas
1 manzana granny-smith
1 cucharada de vinagre de vino blanco
3 cucharadas de aceite de oliva
Sal
Pimienta

truco ¡H!

Puede hacer la farsa con otra mezcla de ingredientes a base de zanahoria y pera o de champiñones y uvas.

PELE, lave y pique la chalota. Lave las hojas de apio y píquelas. Pele y retire el corazón a la manzana y córtela en dados pequeños. Lave y quite los hilos al apio. Corte en daditos una rama y la otra en 6 tiras finas longitudinales. Escalde las tiras en agua salada durante 2 minutos, escurra y reserve.

PONGA las patatas en una ensaladera y aplástelas con un tenedor. Añada la rama y las hojas de apio picadas. Rocíe con el vinagre y el aceite, sazone con sal y pimienta recién molida e incorpore los dados de manzana.

COLOQUE una loncha de salmón en una fuente y deposite en el centro una sexta parte de la farsa preparada. Junte las puntas del salmón y ate con una tira del apio escaldado. Repita la operación con las lonchas de salmón restantes y sirva.

ceviche de caballa
con cuscús

6 | 45 min

Ingredientes:

150 g de cuscús
3 caballas de 200 g cada una
2 pomelos rosas
4 limas
3 naranjas
1 manojito de cilantro
3 cebolletas
1 pastilla de caldo de verduras
5 cucharadas de aceite de oliva
1 cucharada de salsa de soja
1 cucharada de vinagre de Jerez
1/2 pimiento verde
2 cm de raíz de jengibre
Sal
Pimienta

EXPRIMA 1 naranja y 2 limas y cuele el zumo. Eche en un bol y mezcle con la soja, el vinagre de Jerez, el jengibre pelado y cortado en lonchas finas, 1 cucharada de aceite y el pimiento lavado, despepitado y picado.

CORTE la caballa en dados de 0,5 cm y póngalos en una fuente honda. Bañe con la marinada preparada, tape con papel film y reserve en el frigorífico.

LLEVE a ebullición en una cazuela 1 litro de agua y diluya la pastilla de caldo. Eche el cuscús en una ensaladera y cubra con el caldo caliente. Añada un hilo de aceite de oliva, mezcle bien y espere 15 ó 20 minutos a que se hinche.

PELE los cítricos restantes a lo vivo, cortando en gajos introduciendo la hoja del cuchillo entre las membranas. Recupere el jugo generado y reserve.

LAVE, seque y pique el cilantro. Pele, lave y pique las cebolletas. Eche en un bol cilantro y cebolletas y mezcle con 1 cucharada de aceite y un poco del zumo de los cítricos. Sazone con sal y reparta en el fondo de 6 vasos o copas grandes.

CUBRA con una capa de cuscús y coloque encima la sexta parte de los gajos reservados. Sazone con sal, vierta un hilo de aceite y culmine con el ceviche de caballa. Rocíe con la marinada y sirva bien frío.

truco ¡H!

En vez de cuscús, puede utilizar cualquier tipo de pasta de pequeño formato.

sardinas arenques
rellenas de uvas

6 | 10 min

Ingredientes:

6 sardinas arenques
6 uvas blancas
6 uvas rojas
1 manojo de perejil
1 cucharada de cúrcuma
1 cucharada de tomates secos molidos
1 cucharada de aceite de oliva

Para acompañar:

Cebollitas en vinagre

truco ¡H!

El contraste dulce-salado de esta receta resulta perfecto para acompañar con una ensalada de patatas cocidas. Y si se acompaña además con unos grisinis se consigue un aperitivo estupendo.

ABRA cuidadosamente las sardinas arenques y retire la cabeza y la espina central. Sepárelas en 2 lomos cada una y póngalos en una fuente. Rocíe con un hilo de aceite de oliva y reserve.

LAVE, seque y pique el perejil y espolvoree la cara interna de los lomos de sardina. Coloque una uva encima, enrolle la media sardina y sujete con un palillo. Repita la operación con el resto de uvas y sardinas.

COLOQUE en una fuente los lomitos rellenos de uva blanca y decore con el polvo de tomate seco. Ponga en otra fuente los rellenos de uva roja y decore con la cúrcuma. Acompañe con cebollitas en vinagre y sirva enseguida.

lenguado a la plancha
con tartar de uvas y almendras

4 | 30 min | 20 min

Ingredientes:

2 lenguados de 600 g cada uno, sin piel
300 g de mejillones
150 g de almendras
250 g de uvas blancas
250 g de uvas rojas
1 manojito de perejil
100 ml de moscatel
1 cucharada de vinagre balsámico
2 cucharadas de aceite de oliva
Sal
Pimienta blanca

PIDA al pescadero que le corte cada lenguado en 2 trozos, retirando cabeza y cola. Limpie bien los mejillones, retirando las barbas. Dore las almendras durante 2 minutos a fuego vivo en una sartén antiadherente. Retire del fuego y pique en grano grueso.

LAVE las uvas, pélelas, retire las pepitas y píquelas del tamaño de las almendras. Eche en un bol, añada la mitad de las almendras, una pizca de sal y de pimienta recién molida y unas gotas de vinagre balsámico; mezcle y reserve en sitio fresco.

CALIENTE el moscatel en un cazo y añada los mejillones. Sazone con pimienta recién molida, tape y deje que se abran a fuego fuerte. Retire, reserve y filtre el caldo de cocción.

PONGA a fuego vivo una sartén antiadherente con el aceite y dore los trozos de lenguado durante 2 minutos por cada lado.

DISTRIBUYA el tartar de uvas preparado en el centro de 4 platos y coloque encima una porción de lenguado. Vierta el vinagre en la sartén donde se ha cocinado el lenguado, ponga a fuego vivo, añada el caldo de cocción de los mejillones y cueza durante 1 minuto.

REPARTA los mejillones en los platos, nape con la salsa los trozos de lenguado, espolvoree con las almendras restantes, decore con unos ramitos de perejil y sirva.

flan de trucha
en gelatina de pomelo

4 | 20 min | 1 min

Ingredientes:

150 g de trucha ahumada cortada muy fina
3 pomelos rosas
1 aguacate
1/2 limón
12 g de gelatina (6 hojas)
50 g de huevas de trucha
100 g de hojas tiernas de espinaca
1 cucharada de aceite de oliva
Sal
Pimienta

Material necesario:

4 moldes individuales de suflé

PONGA en remojo en agua fría las hojas de gelatina. Pele el aguacate, córtelo en dados y rocíelo con el zumo del limón. Pele 2 pomelos a lo vivo y corte en gajos retirando todas las membranas.

EXPRIMA el otro pomelo y caliente el zumo en un cazo. Al primer hervor, retire del fuego y añada la gelatina escurrida junto con 3 gajos de pomelo picados.

VIERTA hasta un espesor de 1 cm en el fondo de los moldes y deje templar 10 minutos. Reparta por encima en los 4 moldes las lonchas de trucha y los dados de aguacate y cubra con el resto de gelatina del cazo. Meta al frigorífico al menos 2 horas.

LAVE y seque bien las hojas de espinaca y reparta en 4 platos con el resto de gajos de pomelo, sazone con sal y rocíe con unas gotas de aceite. Sumerja los moldes en agua hirviendo para desmoldar sin problemas. Deposite en el centro de cada plato, retire el molde y corone con una cucharada de huevas de trucha.

truco **¡H!**

Puede hacer esta receta con salmón o con bacalao ahumado.

anguila ahumada
caramelizada con miel

4 | 15 min | 17 min

Ingredientes:

1 trozo de 400 g de anguila ahumada
2 cucharadas de miel
2 cucharadas de salsa de soja

Para el arroz:

200 g de arroz basmati
2 cucharadas de vinagre de arroz
1 cucharadita de azúcar
100 g de hojas tiernas de espinaca
1 manojito de perejil
1 manojito de perifollo

truco ¡H!

Esta receta se puede hacer con otros pescados ahumados, como bacalao, trucha o salmón.

LAVE, seque y pique las espinacas y las hierbas. Ponga un cazo al fuego con el vinagre. Añada el azúcar, retire del fuego y deje que se disuelva.

SUMERJA el arroz en agua fría, escúrralo, échelo en una ensaladera, cubra con agua fría y deje en remojo 10 minutos. Ponga al fuego una cazuela con 500 ml de agua. Lleve a ebullición, vierta el arroz escurrido y cueza durante 10 minutos a fuego medio. Escurra, eche en un bol, añada las hierbas picadas, vierta el vinagre en hilo fino mezclando con un tenedor y reserve.

ECHE la miel en un cazo, añada la salsa de soja y lleve a ebullición. Cueza durante 5 minutos a fuego bajo y retire del fuego. Encienda el grill del horno a máxima temperatura.

RETIRE la piel y la espina central a la anguila para obtener 2 trozos. Corte cada uno de ellos en 2 y deposite los trozos en una bandeja de horno con la piel hacia abajo. Unte la superficie con la mezcla de miel y salsa de soja y meta al horno a gratinar durante 2 minutos. Retire del horno y unte de nuevo con la mezcla.

REPARTA el arroz en el centro de 4 platos, coloque encima los trozos de anguila caramelizada y sirva enseguida.

tartar de salmón
y mango

4 | 10 min

Ingredientes:

400 g de salmón fresco
1 mango grande
2 cucharadas de cebolleta picada
1 cucharada de cilantro picado
1 limón
2 cucharadas de aceite de oliva
Sal
Pimienta negra

PIDA al pescadero que le parta el salmón en dados de 2 cm de lado. Échelos en un bol, añada la piel rallada de medio limón, sazone con sal y pimienta recién molida y mezcle bien.

PELE los mangos y pártalos en dados del mismo tamaño. Incorpórelos al bol junto con la cebolleta, el cilantro, el aceite y el zumo de 1/2 limón. Mezcle todo bien y reparta en el fondo de 4 platos.

SIRVA el tartar acompañado con rebanadas de pan tostado y untado con paté de aceitunas.

truco ¡H!

Puede remplazar el salmón por otras variedades de pescado de río (trucha, reo) o por atún rojo fresco.

día de fies & pes

ta
cados

cocochas de bacalao
con ajo y beicon

6 | 10 min | 5 min

Ingredientes:

1 kg de cocochas de bacalao en salazón
1 cabeza de ajo
1 manojito de perejil
150 g de beicon
100 g de harina (sobrará)
2 cucharadas de aceite de oliva
Pimienta

Para acompañar:

1 manojo de berros
1 pan payés

truco ¡H!

Si no encuentra cocochas de bacalao en el mercado, puede hacer esta receta con cachetes de rape troceados.

LA NOCHE ANTERIOR: Lave las cocochas al chorro de agua fría y póngalas en una ensaladera con agua fría. Reserve toda la noche en el frigorífico.

EL MISMO DÍA: Retire la corteza al beicon y córtelo en tiras de 4 x 1 cm. Escáldelas unos segundos en agua hirviendo, escúrralas y séquelas con papel absorbente. Lave, seque y pique el perejil y corte por la mitad en sentido horizontal 1 cabeza de ajo.

ESCURRA las cocochas y séquelas con papel absorbente. Páselas por harina y sacuda para retirar el exceso. Ponga una sartén a fuego medio con el aceite y dore las mitades de ajo.

INCORPORE las cocochas y las tiras de beicon y saltee durante 4 ó 5 minutos. Sazone con pimienta recién molida y espolvoree con perejil en el último momento. Sirva con unas rebanadas de pan tostado y con una ensalada de berros.

rape Orloff

6 | 40 min | 20 min

Ingredientes:

1 cola de rape de 1,5 kg sin piel y sin espina central
200 g de queso fresco de vaca
60 g de queso curado de cabra
150 g de queso de Mahón
20 lonchas finas de beicon
10 hojas grandes de col
1 zanahoria
2 chalotas
2 cucharadas de pan rallado
2 cucharadas de aceite de oliva
Sal
Pimienta

truco **¡H!**

No apriete mucho al atar el pescado, con el fin de poder deslizar sin dificultad las lonchas de queso. Meta estas durante 5 minutos en el congelador para que no se fundan rápidamente al contactar con el pescado y el beicon calientes.

PONGA a escurrir unos minutos el queso fresco sobre un colador. Échelo en un bol junto con el pan rallado y el queso de cabra también rallado y mezcle con un tenedor.
Pele, lave y corte en dados pequeños la zanahoria. Escáldela durante unos segundos en agua hirviendo. Escurra y reserve.
LAVE las hojas de col, retire la parte central más dura y cuézalas en abundante agua salada durante 1 minuto. Escurra y vierta en un bol con agua helada. Pique bien fino 4 hojas de col. Pele, lave y pique las chalotas. Mezcle en una ensaladera las chalotas con la col y la zanahoria picadas y el queso fresco.
RETIRE la espina central al rape y sustitúyala por la farsa de queso. Presione un lomo contra otro y rodee el pescado con las tiras de beicon. Tape las 2 extremidades con el resto del beicon y ate con hilo de bramante. Precaliente el horno a 200°.
CALIENTE el aceite en una sartén antiadherente y dore el pescado albardado durante 10 minutos por todas sus caras. Retire de la sartén, coloque en una bandeja de horno y deje templar.
CORTE el queso de Mahón en lonchas finas e introdúzcalas con cuidado entre el rape y el beicon. Hornee a 200° durante 5 minutos.
VUELVA a poner al fuego la cazuela donde se ha dorado el rape, añada un vaso de agua y lleve a ebullición. Escalde unos segundos las hojas de col. Escúrralas y colóquelas en una fuente caliente.
DEPOSITE el pescado sobre las hojas y sirva aparte en salsera el jugo de cocción.

salmón frío
con salsa de buey de mar

🍽	10		1h15		40 min	

Ingredientes:

1 salmón de 1,8 kg escamado y limpio
1 buey de mar
1 manojo de perejil
1 manojo de cebollino
1 manojito de eneldo
30 ó 40 hojas de espinaca
200 ml de mayonesa
1/2 cucharadita de Tabasco®
2 cucharadas de aceite de oliva
Sal gorda
Pimienta

Para el caldo corto:

1 zanahoria
1 cebolla
1 rama de apio
2 pimientas de Cayena
3 estrellas de anís
1 bouquet de hierbas (tomillo, laurel, perejil)
la piel, sin la parte blanca, de 1/2 naranja
unos tallos de hinojo
12 granos de pimienta negra
200 ml de vino blanco seco
1 pizca de azúcar
2 cucharadas de sal gorda

Material necesario:

Una turbotera (parrilla con forma de pescado)

EL DÍA ANTERIOR: Pele, lave y corte en rodajas la zanahoria. Eche 5 litros de agua en una cazuela grande y añada todos los ingredientes del caldo, excepto el vino blanco. Cubra la cazuela y cueza a fuego medio durante 30 minutos. Rectifique de sal y pimienta si fuera necesario e incorpore el vino blanco fuera del fuego. Deje tapado en infusión hasta el día siguiente.

EL MISMO DÍA: Ponga el buey de mar en una cazuela y cúbralo con caldo frío. Cueza durante 10 minutos a fuego medio, retire, filtre el caldo y reserve. Extraiga la carne del buey, reservando el coral aparte, y échela en un bol junto con la mayonesa y el Tabasco. Añada la mitad del coral troceado y el perejil, la mitad del cebollino y el eneldo picados y reserve en el frigorífico.

EL SALMÓN: Ponga el salmón en una turbotera y cúbralo con caldo frío. Lleve a ebullición, apague el fuego y deje enfriar el salmón en el caldo. Saque el pescado, póngalo sobre una fuente y retire cuidadosamente la piel.

LAVE las hojas de espinaca y retire los tallos. Escáldelas unos segundos en agua hirviendo, échelas en un bol con agua helada, escúrralas y séquelas bien. Colóquelas alrededor del pescado y rocíe con el aceite de oliva.

Decore el salmón con el cebollino y el coral reservados y sirva la salsa en salsera.

cocido
de pescados

6 | 20 min | 1h

Ingredientes:

2 doradas rosas de 600 g cada una limpias, con la cabeza aparte y partidas en tres tajadas
6 rodajas de rape en trozos regulares
500 g de tomates
0,5 g de azafrán
2 cebollas
2 cabezas de ajo
2 hojas de laurel
2 ramitas de tomillo
1 manojito de perejil
2 cucharadas de aceite de oliva
Sal
Pimienta

Para la guarnición:

600 g de patatas gallegas
3 bulbos de hinojo
3 puerros
1 ramito de tomillo
Sal
Pimienta

Para la salsa:

Las cabezas de ajo cocidas
100 ml de aceite de oliva
Unas ramitas de eneldo
Sal
Pimienta

truco **¡H!**

Puede acompañar este plato con una sopa de fideos hecha con el caldo de pescado.

EL CALDO: Lave las tajadas de dorada y los trozos de rape. Lave los tomates y córtelos en 4. Pele, lave y corte en juliana las cebollas. Ponga una sartén al fuego con 2 cucharadas de aceite y poche las cebollas durante 2 minutos, sin que cojan color.

ECHE los tomates, mezcle e incorpore el azafrán, el laurel y el perejil. Sazone con sal y pimienta recién molida. Añada las cabezas de las doradas y las cabezas de ajo, cubra con agua, lleve a ebullición y cueza durante 1 hora a fuego bajo.

LAS VERDURAS: Limpie los puerros, lávelos y córtelos en 3 trozos. Lave los bulbos de hinojo y córtelos en rodajas de 1 cm. Pele y lave las patatas. Veinte minutos antes de finalizar la cocción del caldo, coloque encima la vaporera con los puerros y las patatas y deje que cuezan al vapor durante 5 minutos.

AÑADA los trozos de pescado, las rodajas de hinojo, el ramito de tomillo, sazone con sal, cubra y cueza al vapor entre 5-7 minutos.

RETIRE la piel a los ajos cocidos y póngalos en el vaso de la batidora junto con el aceite y una pizca de sal y triture bien fino. Incorpore los ramitos de eneldo y eche en una salsera. Coloque pescados y verduras en una fuente caliente y sirva con la salsa.

rodaballo asado
con escamas de calabacín

4 | 40 min | 25 min

Ingredientes:

1 rodaballo de 1,5 kg (limpio y cortado en 4 trozos por el pescadero, cabeza y pieles aparte)
3 calabacines
16 puerros pequeños
200 g de lechuga de mar
Unos tallos de cebollino
3 cucharadas de aceite de oliva
100 ml de nata líquida
Flor de sal
Pimienta de Penja

truco **iH!**

Puede reemplazar la lechuga de mar por espinacas. La pimienta de Penja es una pimienta blanca muy apreciada por su aroma intenso y su agradable toque picante.

LAVE, seque y corte los calabacines en rodajas muy finas. Lave y seque bien el pescado. Úntelo ligeramente con aceite de oliva y sazónelo con sal. Ponga los trozos en una fuente de horno y cúbralos con rodajas de calabacín superpuestas simulando escamas. Rocíe con un hilo de aceite.

LIMPIE los puerros, lávelos y átelos de 4 en 4 con un tallo de cebollino. Cuézalos en agua salada hirviendo durante 6 minutos. Retire del caldo y reserve. Añada al caldo cabeza y pieles del rodaballo, cueza durante 10 minutos a fuego lento y filtre el caldo. Precaliente el horno a 200°.

CUEZA la lechuga de mar en el mismo caldo durante 5 minutos, como si fueran espinacas; escurra y reserve. Hornee el rodaballo a 200° durante 8-10 minutos.

ECHE la nata en el vaso de la batidora junto con la mitad de la lechuga de mar escaldada, el resto del cebollino picado y 100 ml de caldo. Triture hasta obtener textura de salsa y vierta en una salsera.

DEPOSITE los trozos de rodaballo en una fuente, acompañe con los puerros y el resto de la lechuga de mar y sirva con la salsa.

lomitos de salmonete
con panceta

4 | 25 min | 30 min

Ingredientes:

8 salmonetes
8 lonchas finas de panceta italiana
1 kg de patatas
8 hojas de salvia
4 flores de calabacín
4 cucharadas de aceite de oliva
Flor de sal
Pimienta

truco **¡H!**

Si no encuentra panceta italiana puede utilizar cualquiera del país. Al ponerla en la placa, procure dar a las lonchas forma redondeada. De esta manera, obtendrá unos bonitos rosetones de panceta.

PIDA a la pescadera que escame y eviscere los salmonetes. Retire la cabeza y la espina central dejando los lomitos limpios. Extraiga con unas pinzas las espinas del centro de cada lomo y unte estos con 2 cucharadas de aceite ayudándose con una brocha. Depósitelos en una fuente con las hojas de salvia, tape con papel film y reserve en el frigorífico.

LAVE las patatas y cuézalas en agua salada hirviendo durante 20 minutos. Lave y trocee las flores de calabacín. Precaliente el horno a 220º.

COLOQUE las lonchas de panceta en una placa de horno con revestimiento antiadherente. Cubra con otra placa del mismo tamaño, para que queden bien planas, y hornee a 220º durante 5 minutos. Retire las placas y reserve al calor los crujientes de panceta.

PELE las patatas en caliente y macháquelas en un bol con un tenedor incorporando en hilo fino el resto del aceite. Añada las flores de calabacín troceadas y mezcle.

ASE los lomitos de salmonete en una sartén antiadherente con el aceite restante durante 2 minutos por cada lado, comenzando por la parte de la piel. Añada las hojas de salvia a media cocción y sirva con el puré preparado y la panceta.

papillote de bacalao
con cobertura de rabanitos

2 | 15 min | 20 min

Ingredientes:

2 trozos de bacalao fresco de 250 g cada uno, sin espinas
20 rabanitos
250 g de cebollitas francesas
1 cucharada sopera de granadina
3 cucharadas de aceite de oliva
20 g de mantequilla
2 gotas de Tabasco
1 ramito de eneldo
Sal
Pimienta

Material necesario:

Papel sulfurizado

truco ¡H!

Puede acompañar el plato con una ensalada de remolacha y cebolla roja aliñada con una vinagreta de eneldo.

LAVE los rabanitos, séquelos y córtelos en láminas finas con la ayuda de una mandolina. Precaliente el horno a 210°. Corte 2 trozos de papel sulfurizado de 25 x 20 cm.

PONGA los trozos de bacalao en el centro de cada uno con la piel hacia arriba y tapice ésta con las láminas de rabanitos simulando escamas. Rocíe con 1 cucharada de aceite y doble los bordes del papel para sellar bien. Meta al horno a 210° durante 8 minutos estos papillotes.

CALIENTE el aceite restante en una cazuela y dore las cebollitas, peladas y lavadas, durante 5 minutos a fuego medio. Incorpore la granadina y el Tabasco, baje el fuego y cueza 5 minutos más añadiendo un poco de agua si fuera necesario.

COLOQUE los trozos de bacalao en los platos y acompañe con las cebollitas.

VIERTA los jugos de cocción del bacalao en la cazuela donde se han dorado las cebollitas y lleve a ebullición. Fuera del fuego, incorpore la mantequilla y el eneldo y bata con varillas. Nape el pescado con esta salsa y sirva.

carpaccio de dorada
con tartar de fresas

4 · 1h · 50 min

Ingredientes:

800 g de filetes de dorada
2 cucharadas de aceite de oliva
Flor de sal

Para el tartar de fresas:

350 g de fresas
2 cucharadas de aceite de oliva
1 cucharada de vinagre balsámico
1 cucharada de albahaca picada
Pimienta negra

Para el jugo de fresas:

1 kg de fresas
50 g de azúcar
1/2 limón
1 pizca de sal
1/2 cucharadita de pimienta negra machacada
2 cucharadas de aceite de oliva

EL JUGO DE FRESAS: Lave, seque y quite los tallos a las fresas. Póngalas en una cazuela (o en un bol grande al baño María) y añada el zumo de 1/2 limón, el azúcar, la sal y la pimienta. Mezcle delicadamente y cueza al mínimo fuego durante 45 minutos moviendo una o dos veces tan solo.
PASE por el chino el contenido de la cazuela y reserve el jugo, que debe ser translúcido. Vierta en una cazuela y caliente a fuego bajo durante 5 minutos para que se reduzca ligeramente. Incorpore el aceite de oliva, triture con la batidora de mano y reserve en el frigorífico.
EL TARTAR DE FRESAS: Lave, seque y quite los tallos a las fresas. Córtelas en dados pequeños y póngalas en un bol con el vinagre balsámico, 1 cucharada de aceite, la albahaca picada y una pizca de pimienta recién molida. Mezcle todo bien y reserve en el frigorífico.
EL PESCADO: Corte los filetes de dorada en finas láminas y deposítelas, según va cortando, en 4 platos llanos bien fríos. Rocíe con un hilo de aceite de oliva y espolvoree con flor de sal. Ponga a un lado del plato el tartar de fresas y rocíe el pescado con el jugo de fresas emulsionado. Sirva el resto del jugo en salsera.

dúo de tartares:
vieiras y trucha

6

10 min

Ingredientes para el tartar de vieiras:

8 vieiras
1 ramito de eneldo
12 granos de pimienta rosa
1 cucharada de aceite de oliva
1 cucharadita de salsa de soja
1/2 cucharadita de vinagre de Jerez

Para el tartar de trucha:

4 lonchas de trucha ahumada
2 ramas de apio
1 cucharada de cebollino picado
Pimienta blanca
1 pizca de sal de apio
1 cucharada de aceite de oliva
1/2 cucharadita de vinagre de manzana

EL TARTAR DE VIEIRAS: Lave las vieiras y córtelas en dados tan pequeños como le sea posible. Échelos en un bol junto con el eneldo picado y las bayas de pimienta rosa. Añada el aceite, el vinagre y la salsa de soja y mezcle bien.

EL TARTAR DE TRUCHA: Retire los hilos al apio, lávelo y píquelo. Pique del mismo tamaño las lonchas de trucha ahumada y mezcle en un bol con el apio y el cebollino picado. Sazone con pimienta blanca recién molida y la sal de apio, añada el aceite y el vinagre y mezcle.

REPARTA los tartares en cucharillas chinas y acompañe con pequeñas rebanadas de pan tostado.

truco **¡H!**

Puede hacer estos tartares con salmón fresco o ahumado, langostinos, atún rojo o bonito del norte.

rollo de salmón
y col verde

8 | 20 min | 10 min

Ingredientes:

4 lomitos de salmón ahumado de 160 g cada uno
1 col verde
400 g de lentejas cocidas
2 chalotas
160 g de huevas de trucha
1 ramito de eneldo
3 cucharadas de aceite de oliva
1 cucharada de salsa de soja
1/2 limón
2 cucharadas de semillas de sésamo

Para el relleno:

4 cucharadas de pan rallado
4 cucharadas de nata
3 cucharadas de queso de Idiazábal rallado
1 ramita de eneldo
Pimienta negra
Flor de sal

truco ¡H!

Procure no salar el relleno, pues el salmón ahumado aporta ya un toque salado.

DESECHE las hojas externas de la col y lave el resto de hojas una a una. Retire la parte central más dura y sumerja las hojas durante 2 minutos, por tandas, en agua salada hirviendo. Según se van escaldando, páselas a un bol con agua helada para parar la cocción, escurra, seque bien y reserve.

EL RELLENO: Mezcle en un bol el pan rallado, la nata, el queso y la mitad del eneldo picado. Sazone los trozos de salmón con flor de sal y extienda el relleno con una espátula en la superficie de 2 trozos. Cubra con los otros 2 y espolvoree con el eneldo restante.

RODEE el salmón con las hojas de col, reservando 4, y envuelva el conjunto con papel film, presionando en las extremidades para que quede bien cerrado. Caliente el rollo durante 5 minutos al vapor.

PIQUE en juliana las hojas de col reservadas. Pele, lave y pique las chalotas y añada a las lentejas junto con la col en juliana y las huevas de trucha.

RETIRE el papel film, espolvoree el rollo de salmón con semillas de sésamo y córtelo en rodajas. Mezcle en un bol el aceite con la salsa de soja y el zumo de limón. Acompañe el salmón con las lentejas y sirva aparte el aliño preparado.

hojaldre de espárragos **con conchas de bacalao**

6 | 30 min | 30 min

Ingredientes:

2 láminas de hojaldre
6 espárragos blancos
6 espárragos verdes gruesos
6 espárragos violetas
350 g de espárragos verdes finos
2 cebolletas
1 diente de ajo
1 lomo grueso de bacalao de 400 g
200 ml de caldo de ave
14 cucharadas de aceite de oliva
1 huevo
Flor de sal
Pimienta negra

truco **¡H!**

Para que no se rompan los espárragos al cocerlos, átelos en manojos y hiérvalos puestos de pie sin que el agua llegue a las yemas. Así estas no se cocerán en exceso.

LA CREMA DE ESPÁRRAGOS: Retire las partes leñosas a los espárragos verdes finos. Lávelos, corte los tallos en rodajas y reserve las yemas. Pele, lave y pique las cebolletas. Póchelas durante 5 minutos en una sartén antiadherente con 3 cucharadas de aceite.

AÑADA los tallos cortados, saltee 2 minutos y vierta el caldo caliente. Lleve a ebullición, incorpore las yemas de espárrago reservadas y continúe la cocción a fuego vivo durante 2 ó 3 minutos. Triture en la batidora añadiendo 2 cucharadas de aceite.
La crema debe quedar untuosa y verde.

LOS HOJALDRES: Corte las láminas de hojaldre en 6 rectángulos de 14 x 7 cm. Con la punta de un cuchillo, incida levemente cada rectángulo a 1/2 cm de los bordes hasta formar un rectángulo interior. Deposítelos en una bandeja de horno forrada con papel sulfurizado y métalos al congelador durante 10 minutos.

PRECALIENTE el horno a 210°. Bata el huevo y úntelo con una brocha en los rectángulos. Hornee a 210° durante 20 minutos. Levante el rectángulo superior de cada hojaldre horneado y reserve al calor del horno con la puerta abierta.

RETIRE las partes más leñosas al resto de espárragos, pélelos, respetando la yema, y lávelos. Cuézalos separadamente en abundante agua salada durante 6 minutos. Escúrralos, póngalos en una fuente, rocíe con 3 cucharadas de aceite y reserve.

CALIENTE 4 cucharadas de aceite a fuego bajo en una sartén y poche el ajo, sin pelar, durante 4 minutos. Retire el ajo, deposite el lomo de bacalao, con la piel hacia abajo, y póchelo durante 4 minutos. Dé la vuelta al bacalao y cocínelo 2 minutos más. Retire de la sartén, sazone con flor de sal y pimienta recién molida y desmenuce en conchas.

VIERTA un poco de crema en el fondo de cada hojaldre y reparta encima las conchas de bacalao. Nape con más crema y coloque encima 1 espárrago verde, 1 blanco y 1 violeta. Rocíe con unas gotas de aceite y sazone con flor de sal y pimienta recién molida.

ceviche de reo
y gambas al cava

6 | 30 min

Ingredientes:

1 kg de filetes de reo asalmonado (preparados por el pescadero)
6 langostinos tigre gruesos
1 botella de cava
6 limas
4 cebolletas
1 cucharadita de azúcar
1 cucharada de aceite de oliva
1 cucharadita de vinagre balsámico
12 bayas de pimienta rosa
1 cucharadita de flor de sal
Sal
Pimienta blanca

Material necesario:

1 bol transparente grande
6 copas de postre, o de helado

META en el congelador el bol grande. Pele los langostinos, guardando solo las colas y retire el intestino con cuidado. Póngalos en un bol y añada el zumo de una lima con su piel rallada bien fina, 6 bayas de pimienta rosa, el azúcar y una pizca de sal. Mezcle bien y déjelos marinar 10 minutos en el frigorífico (la lima los cocerá).

CORTE los filetes de reo en lonchas de 0,5 cm de espesor, colóquelos en una fuente y meta al frigorífico. Pele, lave y pique las cebolletas. Ralle la piel de las limas restantes y extraiga su zumo.

VIERTA cebolletas, zumo y ralladura sobre los filetes de dorada y añada el aceite, el vinagre, la flor de sal, la pimienta recién molida y la pimienta rosa restante. Incorpore los langostinos y meta 5 minutos al frigorífico.

SAQUE del congelador el bol grande y eche el contenido de la fuente. En el momento de servir, bañe con el cava, y reparta inmediatamente en copas.

truco ¡H!

Si no encuentra reo, puede sustituirlo por otro pescado: dorada real, salmón, trucha...

¡soy el ch
& pesca

ef!
dos

boqueranes marinados con virutas de hinojo

por Franck Cerruti

4 | 30 min

Ingredientes:

500 g de boquerones
200 ml de aceite de oliva virgen extra
1 limón
1 bulbo de hinojo con sus tallos y hojitas
100 g de rúcola (opcional)
Flor de sal
Pimienta blanca

truco ¡H!

Utilice riquette, hojitas de ensalada de sabor más amargo que la rúcola, para el acompañamiento o cualesquiera otras hojas de ensalada a su elección.

PIDA al pescadero que le limpie los boquerones retirando cabeza, vísceras y espina central sin separar los lomos. Lávelos con agua fría y colóquelos sobre papel absorbente con el lado de la piel hacia arriba.

VIERTA el aceite de oliva en una fuente honda y añada el zumo del limón, sal y pimienta recién molida. Introduzca los boquerones bien secos con la piel hacia arriba y deje marinar en el frigorífico durante 30 minutos.

RETIRE la capa externa al hinojo, lávelo y córtelo en lonchas muy finas con la ayuda de una mandolina. Reparta las virutas de hinojo sobre los boquerones, decore con sus ramitos y acompañe con una ensalada de rúcola.

lenguado en gelatina
con verduras

por Jean-André Charial

6 | 10 min | 20 min

Ingredientes:
2 lenguados de 300 g cada uno
1 diente de ajo
200 g de cebollas
100 ml de aceite de oliva
4 yemas de huevo
1 limón
6 g de gelatina (3 hojas)
1 litro de caldo de pescado
12 patatas pequeñas
1 g de azafrán

Para acompañar:
150 g de habas cocidas
150 g de espárragos verdes cocidos

Para la vinagreta:
1 estrella de anís
1/2 cucharadita de semillas de anís
250 ml de caldo de pescado
5 cucharadas de aceite de oliva
1 cucharada de vinagre de Jerez

Material necesario:
6 moldes individuales de suflé
1 cortapastas redondo de 3 cm de diámetro

PIDA al pescadero que le trocee en filetes los lenguados y cada filete en 3 partes. Corte el limón en rodajas finas y pele el ajo. Ponga en remojo en agua fría las hojas de gelatina. Pele, lave y corte en juliana las cebollas y dórelas en una sartén antiadherente con 2 cucharadas de aceite. Añada la mitad del caldo, el ajo y las rodajas de limón.

CUEZA a fuego lento durante 5 minutos, incorpore la gelatina escurrida y poche los trozos de lenguado durante 3 minutos. Retírelos con un colador y escúrralos sobre papel absorbente. Pase el caldo por el chino, incorpore las yemas de huevo, bata enérgicamente y deje enfriar. Reparta los trozos de pescado en los 6 moldes y vierta encima el caldo. Meta al frigorífico durante 12 horas.

PELE, lave y corte las patatas en lonchas de 0,5 cm. Haga que todas las lonchas tengan el mismo tamaño con la ayuda del cortapastas. Caliente en una cazuela el caldo restante, añada el azafrán molido y cueza las patatas a fuego lento entre 8 y 10 minutos. Retire las patatas del caldo y escúrralas.

LA VINAGRETA: Vierta en un cazo el caldo de pescado y caliente a fuego vivo. Añada la estrella y las semillas de anís y deje reducir a la mitad de su volumen. Pase por el chino, deje enfriar y añada el vinagre y el aceite.

COLOQUE el contenido de los moldes en los platos y tapice los bordes con las rodajas de patata al azafrán. Rocíe con la vinagreta y decore con habas y espárragos cocidos.

tagine de lubina al aceite de especias

por Olivier Roellinger

4 | 20 min | 15 min

Ingredientes:

1 lubina de entre 800 g y 1 kg (limpia, eviscerada y fileteada por el pescadero)
300 g de mejillones de roca
2 limones
250 g de espinacas

Para el aceite de especias:

500 ml de aceite de girasol
3 dientes de ajo
1 g de azafrán
1/2 rama de canela
2 cucharadas de semillas de cilantro
1 cucharadita de jengibre rallado
1 cucharada de albahaca picada
1 naranja
4 cucharadas de aceite de almendras
1 cucharadita de agua de rosas
Pimienta

PREPARE el aceite de especias con 48 horas de antelación: Pele los ajos, córtelos en láminas y dórelos en una sartén. Ralle la mitad de la piel de la naranja. Eche ajos, ralladura y aceite en un tarro junto con el resto de los ingredientes, tape y deje reposar en sitio fresco.

EL MISMO DÍA: Trocee los filetes de lubina e imprégnelos con el aceite de especias. Lave y seque bien las hojas de espinaca. Ralle la piel de 1 limón y extraiga el zumo a los 2. Precaliente el horno a 180º y meta a calentar la fuente de tagine.

PONGA los trozos de lubina en el fondo de la fuente, añada 15 cucharadas del aceite de especias, pimienta recién molida, las hojas de espinaca, la ralladura y el zumo de limón. Añada los mejillones limpios, tape y hornee durante 10-15 minutos con el horno precalentado a 180º.

LLEVE la fuente directamente a la mesa y sirva sobre platos calientes.

truco **¡H!**

El aceite de especias puede conservarse varios días en el frigorífico. También puede utilizarlo para una vinagreta o para aliñar unas verduras cocidas. Si no tiene tiempo para elaborarlo, puede comprarlo en tiendas gourmet.

carpaccio de atún
con salsa de cilantro

por José Martínez

4 | 35 min

Ingredientes:

1 filete de 360 g de atún rojo fresco
12 rabanitos
1 remolacha cruda
1 zanahoria
80 g de rúcola
1 cucharada de vinagre balsámico
3 cucharadas de aceite de oliva
Flor de sal
Pimienta

Para la salsa:

1 manojito de cilantro
1/2 diente de ajo
60 ml de aceite de oliva
1 limón

truco **¡H!**

Introduzca el atún en el congelador durante 10 min. para poder cortarlo más fácilmente en lonchas finas. Resultará más sabroso. Para hacerlo más suave, raspe el ajo con la punta de un cuchillo, añadiendo a la salsa sólo una pizca.

CORTE el atún en lonchitas finas y coloque en 4 platos según va cortando. Cubra con papel film y reserve en el frigorífico.

LAVE y seque el cilantro y retire los tallos. Exprima el limón y pele el ajo. Ponga los 3 ingredientes en la batidora, añada el aceite, triture hasta obtener una salsa untuosa y reserve.

PELE y lave la remolacha y la zanahoria y lave los rabanitos. Corte las 3 verduras en tiras. Lave y seque bien la rúcola, eche en un bol y mezcle con las verduras. Aliñe con el aceite y el vinagre.

NAPE las lonchitas de atún con la salsa de cilantro en el último momento. Sazone con flor de sal y pimienta recién molida y sirva con la ensalada. Acompañe con pan tostado.

salmonetes jugosos

por Laurent Tarridec

4 | 20 min | 25 min

Ingredientes:

8 salmonetes de 150 g cada uno
150 g de champiñones
2 cebolletas
2 tomates secos
2 rebanadas de pan de molde
1 yema de huevo
50 g de paté de aceitunas
1 zanahoria
1 cebolla
1 diente de ajo
1 tomate
Aceite de oliva
Sal
Pimienta

PIDA al pescadero que le descame, abra y eviscere los salmonetes, conservando aparte cabeza, espinas e hígado.
Retire con unas pinzas las espinas pequeñas de los lomos.

EL JUGO: Pele y lave la zanahoria y la cebolla y píquelas. Pele el ajo y píquelo. Lave el tomate y córtelo en dados. Ponga las verduras en una cazuela con 2 cucharadas de aceite y dore durante 3 minutos. Añada espinas y cabezas, bañe con 200 ml de agua, sazone con sal y pimienta recién molida y lleve a ebullición. Cueza a fuego lento durante 20 minutos y reserve al calor.

PELE y lave las cebolletas y limpie los champiñones. Pique del mismo tamaño cebolletas, champiñones y tomates secos. Retire la corteza al pan y eche la miga en una ensaladera junto con las 3 verduras picadas. Mezcle todo bien y añada los hígados de los salmonetes y la yema de huevo. Machaque con un tenedor y rellene los salmonetes en crudo con esta mezcla.

DORE los salmonetes durante 3 ó 4 minutos por cada lado en una sartén antiadherente con un hilo de aceite. Retire del fuego, rocíe con el jugo preparado bien caliente y sirva con una cucharada de paté de aceitunas.

truco **¡H!**

Pruebe a hacer sardinas con este relleno. En vez de sartén, introdúzcalas en el horno precalentado a 200° durante unos 5-8 minutos. Así evitará el olor intenso de las sardinas.

salmón asado
con caramelo al cilantro

por Frédéric Anton

4 | 1h | 1h

Ingredientes:

1 trozo de salmón, sin piel ni espinas, de 1 kg
100 ml de aceite de oliva
Sal
Pimienta

Para las naranjas confitadas:

4 naranjas
50 g de miel de acacia
20 ml de vinagre
1 manojito de perifollo

Para la salsa de naranja:

El zumo de 4 naranjas
70 ml de aceite de oliva
8 g de maicena
Sal
Pimienta

Para las láminas de caramelo:

125 g de azúcar
25 g de glucosa
2 cucharaditas de semillas de cilantro molidas

truco **¡H!**

Si no dispone de glucosa, utilice azúcar, teniendo en cuenta siempre que 5 g de glucosa equivalen a 2 g de azúcar. La glucosa es utilizada en pastelería para dar brillo y mejorar la presentación.

MARINE durante 1 hora en el frigorífico el salmón con el aceite, la sal y la pimienta recién molida.

LAS NARANJAS CONFITADAS: Lave las naranjas, retire las pieles y córtelas en pequeños dados (brunoise). Sumérjalas 3 veces seguidas, durante 1 minuto cada vez, en agua salada hirviendo y escurra. Lleve a ebullición la miel en un cazo, añada los dados, cubra y ponga a confitar a fuego bajo durante 40 minutos. Añada el vinagre y cueza 10 minutos más. Espolvoree con el perifollo picado, retire del fuego y reserve.

LAS LÁMINAS DE CARAMELO: Eche en un cazo el azúcar, la glucosa y 50 ml de agua. Cueza a fuego bajo hasta obtener consistencia de caramelo blanco. Vierta bien extendido sobre papel sulfurizado y deje enfriar. Tritúrelo para reducirlo a polvo, añada las semillas de cilantro y mezcle. Precaliente el horno a 180°.

EXTIENDA la preparación sobre una hoja de papel sulfurizado y hornee a 180° durante 2 ó 3 minutos vigilando para que no se queme. A la salida del horno, cubra con otra hoja de papel sulfurizado y lamine con rodillo lo más finamente posible. Corte después en 4 rectángulos de 15 x 2 cm.

LA SALSA DE NARANJA: Exprima las naranjas y ponga el zumo en una cazuela al fuego hasta reducir a la mitad. Incorpore, batiendo, el aceite de oliva, ligue con la maicena, sazone con sal y pimienta recién molida y reserve.

EL SALMÓN: Baje la temperatura del horno a 170°. Dore ligeramente el salmón en una sartén antiadherente, colóquelo en una fuente de horno y continúe la cocción en el horno a 170° durante 3 ó 4 minutos. Rocíe con la brunoise de naranja reservada y corte el salmón en 8 trozos en sentido transversal.

PRESENTACIÓN: Coloque 2 trozos de salmón en el centro de cada plato y acompañe con la salsa de naranja. Decore con una lámina de azúcar a lo largo de cada trozo y unas hojitas de perifollo.

filetes de lenguado con alcachofas y vinagreta de cítricos

por Hervé le Calvez

4 | 20 min | 10 min

Ingredientes:

800 g de filetes de lenguado
4 alcachofas grandes
1 naranja
2 limones
1 lima
8 cucharadas de aceite de oliva
Sal
Pimienta

QUITE las hojas externas, los tallos y las puntas de las hojas a las alcachofas hasta dejar solo el corazón. Pártalas en 2 y retire la pelusa del fondo con una cucharilla. Rocíelas con el zumo de 1/2 limón y córtelas en láminas muy finas. Cuézalas durante 5 minutos en agua salada con el zumo de 1/2 limón, escúrralas y déjelas enfriar.

RETIRE la piel, sin partes blancas, a la naranja y el limón restante, y córtela en tiras finas. Sumérjalas en agua hirviendo 3 veces durante 1 minuto cada vez. Escúrralas y reserve. Exprima la naranja, el limón y la lima, filtre el zumo y échelo en una ensaladera. Añada 5 cucharadas de aceite, sazone con sal y pimienta recién molida y emulsione batiendo con un tenedor. Incorpore las pieles reservadas, mezcle y reserve.

CORTE los filetes de lenguado en bastones de 1,5 cm de espesor. Ponga al fuego una sartén antiadherente con 2 cucharadas de aceite y saltee a fuego vivo las láminas de alcachofa durante 2 minutos. Retire y reserve.

VIERTA en la sartén el resto del aceite, añada los bastones de lenguado y dórelos durante 2 minutos a fuego vivo. Fuera del fuego, sazone con sal y pimienta recién molida.

DEPOSITE los trozos de lenguado y las láminas de alcachofa en 4 platos, rocíe con la vinagreta de cítricos con sus pieles, sazone con pimienta molida y sirva.

truco **¡H!**

Puede hacer esta receta con filetes de rodaballo.

atún especiado
al punto

por Jérôme Gangneux

4 | 10 min | 2 min

Ingredientes:

1 lomo limpio de atún rojo de 600 g
3 dientes de ajo
2 chalotas
1 cebolla
250 ml de aceite de oliva
3 limones
1 cucharadita de semillas de cilantro molidas
1/2 cucharadita de hojitas de tomillo
1 cucharadita de pimienta negra en grano
La ralladura picada de 2 limas
1/2 cucharadita de canela molida

Para el acompañamiento:

100 g de rúcola
1 pepino
20 g de jengibre confitado

Para la salsa:

200 ml de mayonesa
100 ml de nata
1 limón

truco ¡H!

También puede hacer esta receta con troncos de salmón desprovistos de piel y espinas.

PIQUE finamente los dientes de ajo, las chalotas y la cebolla y mezcle todo en un bol con el aceite y el zumo de 3 limones. Añada las semillas de cilantro molidas, las hojitas de tomillo, la pimienta machacada, la ralladura de limas y la canela.

UNTE ligeramente con aceite de oliva el lomo de atún y dórelo a fuego vivo en un sartén antiadherente durante 1 minuto por cada lado. Bañe con el preparado anterior, corte en cuatro porciones y sirva enseguida.

ACOMPAÑE con una ensalada de rúcola y pepino y con el jengibre cortado en daditos.

MEZCLE la mayonesa con la nata y el zumo de limón y sirva en salsera.

popietas de lenguado

por Jacques Thorel

4 | 30 min | 7 min

Ingredientes:

4 filetes de lenguado, sin piel, de 200 g cada uno
50 g de avellanas
2 ramitos de romero
500 g de hojas de espinaca
1 yema de huevo
10 cucharadas de aceite de oliva
60 g de queso parmesano
Sal
Pimienta

Para la salsa:

40 g de mantequilla clarificada
1 limón

truco **¡H!**

Para clarificar la mantequilla, caliéntela a fuego bajo en un cazo y retire la película blanquecina que se forma en la superficie. La mantequilla clarificada se conserva muy bien en el frigorífico.

RALLE el parmesano. Retire los tallos al romero y pique las hojitas. Machaque las avellanas en grano grueso, reservando unas pocas en mitades para decorar. Mezcle las avellanas picadas con el romero. Lave y seque las hojas de espinaca.

PONGA a fuego vivo una sartén con 2 cucharadas de aceite y dore la mitad de las hojas de espinaca. Sazone con sal y pimienta recién molida, añada el parmesano y deje enfriar.

SEQUE bien los filetes de lenguado y sazónelos con sal y pimienta por una cara. Ponga en un extremo una porción de las espinacas preparadas, enrolle el pescado y sujete con un palillo.

BATA 1 yema de huevo con una cucharadita de agua y salpimiente. Eche la mezcla de avellanas y romero en un plato hondo. Pase las popietas por la yema batida y luego por la mezcla de romero y avellanas. Caliente el resto del aceite en una sartén, dore las popietas durante 3-4 minutos y reserve al calor.

LA SALSA: Funda la mantequilla a fuego suave y ralle encima la piel del limón. Añada el zumo de 1/2 limón y sazone con pimienta recién molida.

COLOQUE las hojas de espinaca reservadas en el fondo de una fuente redonda, deposite encima las popietas y rocíe con la salsa preparada.

suprema de lubina
con espárragos, colmenillas y chips de garbanzos

por Christian Willer y Joël Manson

4 | 20 min | 40 min

Ingredientes:

4 supremas de lubina de 150 g cada una
2 cucharadas de aceite de oliva
1 chalota
100 ml de vino blanco seco

Para los chips de garbanzos:

75 g de harina de garbanzos
1 cucharada de aceite de oliva
1 pizca de nuez moscada
500 ml de aceite para freír
Sal
Pimienta

Para la guarnición:

16 espárragos verdes
350 g de colmenillas frescas
1 chalota
1 limón
250 ml de nata líquida
4 cucharadas de aceite de oliva
Flor de sal
Pimienta

LA VÍSPERA: Mezcle la harina de garbanzos con 125 ml de agua. Lleve a ebullición 125 ml de agua en una cazuela y vierta la preparación anterior. Cueza a fuego bajo durante 15 minutos removiendo de vez en cuando y pase por el chino. Bátalo con la batidora de mano añadiendo una cucharada de aceite. Sazone con sal, pimienta recién molida y nuez moscada. Vierta sobre una hoja de papel film, enrolle en forma cilíndrica y deje en el frigorífico toda la noche.

EL MISMO DÍA: Corte el cilindro en rodajas finas, fríalas en el aceite bien caliente (deben quedar doradas y crujientes) y escúrralas sobre papel absorbente.

LA GUARNICIÓN Y LA SALSA: Pele los espárragos, respetando las yemas, y cuézalos en abundante agua salada hasta que estén *al dente*. Échelos en un bol con agua helada, escúrralos, triture 4 en la batidora y reserve el resto. Limpie las colmenillas. Pele, lave y pique la chalota y póchela en una sartén antiadherente con 2 cucharadas de aceite. Añada las colmenillas y déjelas sudar hasta que se evapore el agua de vegetación. Incorpore la nata, caliente unos minutos, pruebe de sal y reserve.

EL PESCADO: Precaliente el horno a 160°. Eche 2 cucharadas de aceite en una cazuela de barro y poche la chalota pelada, lavada y picada. Ponga las supremas de lubina, rocíe con el vino blanco, cubra con papel de aluminio y hornee a 160° con el horno precalentado durante 8-10 minutos. Retire el pescado de la cazuela y reserve al calor cubierto con el papel de aluminio de la cocción.

PONGA al fuego la cazuela para reducir un poco los jugos de cocción y eche en el vaso de la batidora junto con la salsa de las colmenillas, reservando aparte estas. Triture añadiendo el puré de espárragos, una cucharada de aceite y el zumo del limón. Pruebe de sal y vierta la salsa sobre las colmenillas reservadas.

PONGA al fuego una sartén con 2 cucharadas de aceite y caliente unos instantes los espárragos. Colóquelos en el centro de los platos, disponga encima las supremas, reparta las colmenillas, rocíe con la salsa y acompañe con los chips de garbanzos.

caballa
marinada a las especias

por Olivier Roellinger

4 | 20 min

Ingredientes:

4 caballas
Sal fina

Para la marinada de cítricos y soja:

50 ml de zumo de naranja
25 ml de zumo de limón
125 ml de salsa de soja
200 ml de aceite de oliva
50 ml de aceite de almendras
25 ml de vinagre de Jerez
6 dientes de ajo confitados
1 cucharada de jengibre rallado
Pimienta
1/2 guindilla muy picada

Para la marinada agridulce:

200 ml de vinagre de vino
10 ml de zumo de limón
40 g de azúcar

truco ¡H!

Estas marinadas sirven perfectamente para acompañar otros pescados, como trucha, chicharro, salmón o bonito del norte.

VIERTA los ingredientes de la marinada de cítricos en un bol. Meta al frigorífico durante 2 horas y pase por una estameña.

PONGA las caballas en una fuente honda. Espolvoree con sal fina y deje en el frigorífico durante 3 horas. Lávelas y échelas en un bol con agua fría durante 1 hora para que se desalen. Escúrralas bien y resérvelas en una fuente.

PREPARE la marinada agridulce mezclando todos los ingredientes con 2 cucharadas de agua. Vierta sobre las caballas y deje marinar 10 minutos. Escúrralas bien, retire la espina central, divídalas en 2 lomos y córtelas en filetitos transversales de 1 cm de espesor.

FILTRE la marinada de cítricos, pásela unos segundos por la batidora y vierta sobre los filetitos. Deje marinar 20 minutos antes de servir con pan tostado.

pez San Pedro
con limón confitado

por Christophe Langrée

8 | 15 min | 40 min

Ingredientes:

6 filetes de San Pedro
1 limón
120 g de azúcar
60 g de jengibre
1 cucharada de cilantro picado
1 chalota
1 manojo de cebolletas pequeñas
250 g de tirabeques
500 ml de caldo de ave
6 cucharadas de aceite de oliva
Sal
Pimienta

truco ¡H!

Esta salsa también sirve para acompañar filetes de salmón, de bacalao, de rodaballo o de atún rojo.

CORTE el limón en rodajas finas y póngalas en una cazuela. Añada 200 ml de agua y el azúcar y caliente a fuego bajo durante 20 minutos hasta que las rodajas de limón se pongan translúcidas, añadiendo un poco más de agua si fuera necesario. Retire del fuego y reserve.

PELE y lave las cebolletas y lave los tirabeques. Pele, lave y corte en trozos grandes la chalota. Pele el jengibre y córtelo en láminas.

PONGA al fuego una cazuela con 2 cucharadas de aceite y poche durante 4 minutos los trozos de chalota y las láminas de jengibre. Añada el caldo y deje reducir a la mitad de su volumen. Filtre el caldo y añada, batiendo con varillas, la mantequilla y 3 cucharadas del jugo de cocción del limón. Sazone con sal y pimienta recién molida y reserve.

SALTEE durante 7 minutos los tirabeques y las cebolletas en una sartén antiadherente con 2 cucharadas de aceite.

DORE los filetes de San Pedro en una sartén con 2 cucharadas de aceite. Sazone con sal y pimienta recién molida fuera del fuego.

COLOQUE un filete en cada plato, añada las verduras, unas rodajas de limón confitado, espolvoree con el cilantro y acompañe con la salsa.

lubina a la plancha
con aceitunas negras y verduritas salteadas

por Alain Llorca

6 | 30 min | 15 min

Ingredientes:

1 lubina de 1,800 kg, escamada, eviscerada, sin piel ni espinas, y fileteada por el pescadero
40 aceitunas de Aragón
1 berenjena
1 calabacín
1 pimiento rojo
1 cebolla
2 tomates
1 diente de ajo
250 ml de caldo de pescado
8 cucharadas de aceite de oliva
30 g de mantequilla
Sal
Pimienta

truco ¡H!

Para que las aceitunas se queden bien adheridas al pescado, envuelva cada trozo en papel film y meta al frigorífico durante 15 minutos. Si no encuentra lubina salvaje, puede sustituirla perfectamente por 6 unidades de criadero.

CORTE la lubina en 6 trozos, deshuese las aceitunas cortándolas en 2 en sentido longitudinal y repártalas, presionando ligeramente, por la superficie del pescado. Reserve en el frigorífico.

LAVE los tomates y retire las semillas. Lave el pimiento y retire el tallo y las semillas. Pele y lave la cebolla. Lave con su piel la berenjena y el calabacín. Corte por separado las 5 verduras en daditos del mismo tamaño. Ponga al fuego una sartén con 6 cucharadas de aceite y dore el ajo sin pelar. Añada los dados de pimiento y cebolla y dore durante 4 minutos. Retire del fuego, ponga a escurrir y dore los dados de calabacín y berenjena otros 4 minutos. Añada los dados de tomate, saltee 1 minuto, moje con el caldo y cueza a fuego bajo durante 4 minutos.

ESCURRA las verduras y reserve al calor. Pase por el chino el caldo resultante, incorpore la mantequilla batiendo con varillas y reserve al calor.

PONGA al fuego una sartén antiadherente con el aceite restante y dore los trozos de pescado a fuego vivo durante 1 minuto por cada lado. Sazone con sal y pimienta recién molida fuera del fuego. Reparta el pisto preparado en 6 platos, coloque en el centro el pescado y bañe con la salsa. Sírvalo antes de que se enfríe.

mero asado con vinagreta de tomate y tartaletas de calabacín

por Christoforos Peskias

6 · 30 min · 50 min

Ingredientes:

6 supremas de mero
3 hojas de pasta filo
2 calabacines pequeños
12 g de almendras fileteadas
400 g de tomates
1 diente de ajo
500 g de manzanitas verdes (almyrikia)
Aceite de oliva
Sal
Pimienta

Para la vinagreta de tomate:

500 g de tomates maduros
5 hojas de albahaca
15 ml de vinagre de Jerez
100 ml de aceite de oliva
1/2 diente de ajo

Para la guarnición:

250 g de borrajas

Material necesario:

1 cortapastas de 6 cm de diámetro

truco ¡H!

Las almyrikia pueden ser remplazadas por manzanas granny-smith o por un chutney de frutas. La borraja puede sustituirse por otra verdura: espinacas, judías verdes francesas o tirabeques.

PRECALIENTE el horno a 150°. Unte de aceite con una brocha las hojas de pasta filo y póngalas una encima de otra. Corte 6 discos con la ayuda del cortapastas y colóquelos entre 2 hojas de papel sulfurizado. Hornee a 150° entre 12 y 15 minutos, hasta que se doren; retire del horno y reserve.

PELE y corte en láminas el ajo. Lave, pele y retire las semillas a los tomates. Lave los calabacines con su piel, séquelos y córtelos en rodajas de 3 mm de espesor. Dore el ajo en una cazuela con un poco de aceite, añada los tomates troceados y cueza a fuego medio durante 30 minutos. Sazone con sal y pimienta recién molida.

DORE a fuego vivo las rodajas de calabacín, solo por un lado, en una sartén antiadherente con 2 cucharadas de aceite. Sazone con sal y deposite sobre papel absorbente.

CUBRA con un poco de salsa de tomate los discos horneados y ponga encima las rodajas de calabacín formando un rosetón. Reparta por encima las almendras fileteadas y pase estas tartaletas durante 3 minutos por el grill del horno antes de servir.

LA VINAGRETA: Ponga los tomates y el ajo pelado en el vaso de la batidora y triture durante 1 minuto. Añada las hojas de albahaca, lavadas y secadas, y triture 20 segundos más. Pase por el chino, incorpore el aceite y el vinagre y mezcle bien.

LAVE las manzanitas y córtelas en rodajas. Escáldelas durante 1 minuto en agua salada hirviendo, escúrralas y alíñelas con un poco de vinagreta de tomate. Rocíe el pescado con un hilo de aceite y dórelo en el grill del horno durante 3 minutos (debe quedar cocido).

REPARTA el pescado en 4 platos, coloque a un lado una tartaleta y al otro las manzanitas junto a un montoncito de borraja hervida *al dente* y aliñe con la vinagreta.

índice
& pesca

dos

pescados

A

B

C

D

E

F

H

L

M

P

Notas

Notas

micocina

Notas

¡HOLA!

micocina

Notas

¡HOLA!

Notas

Notas

Notas

micocina

Notas

¡HOLA!

Notas

*mi*cocina

Notas

¡HOLA!

créditos

¡HOLA!

Dirección Especiales:
Mercedes Sánchez Pérez
Edición:
Yago Barja
Maquetación:
Adele Kelly
Traducción y edición recetas:
Carlos de Diego
Asesoría cocina:
Cristina Hornedo
Redacción:
08006-BARCELONA: Muntaner, 41.
Tel. 93 241 45 50. FAX 93 414 53 25.
28010-MADRID: Miguel Angel, 1, 5º,
y Alfonso X, 2, 5º. Tel. 91 702 13 00.
FAX 91 319 64 44.
redaccion@hola.com www.hola.com
Administración:
28006-MADRID: Velázquez, 98, 1.º
Tel. 91 781 18 00. FAX 91 435 29 13
Distribución:
ESPAÑA: ¡HOLA!, S. A.
Velázquez, 98, 3.º
Tel. 91 781 17 60. FAX 91 431 55 73.
Impresión:
Estudios Gráficos Europeos, S. A.
P. I. NEISA-Sur-Nave 14 Fase II
Avda. Andalucía, km 10,300
28021-Madrid. Printed in Spain
Depósito legal: M-22.516-2008.
ISBN13: 978-84-612-3698-5
Toda la correspondencia debe dirigirse a
¡HOLA!, S. A. Apartado de Correos núm. 1.424.
08080-Barcelona, o a ¡HOLA!, S. A. Apartado
de Correos núm. 14.707. 28080-Madrid.

Fotografías:
Richard Alcock (pág. 47), Jacques Caillaut (págs. 81, 95, 105, 108, 109, 111), Jean-Pierre Dieterlen (pág. 67), Pierre Hussenot (págs. 33, 35), Peter Lippmann (págs. 51 55, 75, 103), Françoise Nicol (p. 37), Bernhard Winkelmann (págs. 9, 11, 13, 15, 17, 19, 21, 23, 25, 27, 29, 39, 41, 43, 45, 49, 53, 57, 61, 63, 65, 69, 71, 73, 77, 79, 83, 87, 89, 91, 93, 97, 99, 101, 113).

Realización y estilismo:
Michèle Carles, Sophie Dombre, Monique Duveau, Anne Grandclément, Isabelle Laforge, Marie-France Michalon, Colette Monsat, Irène Talbot, Soraya Winkelmann.

Agradecimientos a Berrin, Françoise Quinta, Agatha Ruiz de La Prada, Vivianne Vidal de la Blache por las ideas y la pasión que han inspirado muchas de las recetas de este libro.

Gracias a Martine Albertin por el espíritu creador, investigador y apasionado infundido a las páginas de Mi Cocina de Madame Figaro a lo largo de los años.

Dirección de la colección:
Emmanuelle Eymery y Marie-Pierre Ombrédanne, asistidas por Valérie Santoni-Barussaud

Dirección de la redacción de Madame Figaro:
Anne-Florence Schmitt

Editor de Madame Figaro:
Christophe Hérald

Director de la publicación:
Francis Morel

Elaboración:
Bertrand de Perthuis

Más información sobre la colección:
www.lefigaro.fr/macuisine